MÉTHODOLOGIE JURIDIQUE

Les Piliers pour réussir vos études de droit

Tome 3 : Les techniques d'apprentissage

MÉTHODOLOGIE JURIDIQUE

Les Piliers pour réussir vos études de droit

Tome 3 : Les techniques d'apprentissage

Edition Octobre 2021

Aurny AIRDUVAL

Contributeur du site ultimatedroit.fr

Cette œuvre est protégée dans toutes ses composantes par les dispositions du Code de la propriété intellectuelle, notamment celles relatives aux droits d'auteur.

Copyright © 2021 - Tous droits réservés

Aurny AIRDUVAL - www.ultimatedroit.fr

« Il n'y a pas une méthode unique pour étudier les choses. »
Aristote

Avant-propos

Volontiers « rameur à contre-courant »[1] nous avons entamé la rédaction d'un ouvrage dédié à la méthodologie juridique en refusant de nous laisser enfermer dans la conception classique de cette matière.

La méthodologie juridique est souvent limitée à la compréhension et à la résolution d'exercices juridiques. Si ces points sont primordiaux nous estimons qu'ils ne sont pas suffisants. Il est possible d'aider plus efficacement les étudiants en droit pour réussir leurs études. Pour atteindre cet objectif des matières autres mais complémentaires doivent être prises en considération.

---

1 Cette expression est empruntée à un texte dont nous avons pris connaissance il y a plusieurs décades et qui portait sur Henri Motulsky. La courbe de l'oubli ayant malheureusement fait son office nous n'avons plus souvenance des références de cette publication.

C'est ainsi que nous avons conçu, développé et présenté une conception extensive de la méthodologie juridique. Notre analyse nous a amené à considérer que l'étudiant en droit doit s'appuyer sur trois Piliers pour réussir ses études de droit, constatation qui nous a alors conduit à exposer le contenu de ces Piliers dans trois tomes distincts et complémentaires.

Le premier Pilier pour réussir des études de droit concerne les outils dont l'étudiant en droit doit faire usage. Nous avons ainsi consacré le premier tome à ce Pilier[2].

Le second Pilier correspond au sens usuel donné à la méthodologie juridique. Il porte sur les méthodes pour comprendre et pour résoudre les exercices juridiques. Il fait l'objet d'un second tome[3].

---

2   Aurny AIRDUVAL, « Méthodologie juridique, Les Piliers pour réussir vos études de droit, Tome 1 : Les outils », Octobre 2021.
3   Aurny AIRDUVAL, « Méthodologie juridique, Les Piliers pour réussir vos études de droit, Tome 2 : Les exercices juridiques ».

Le troisième Pilier est composé par des techniques d'apprentissage. Ces techniques constituent une aide pour l'acquisition des connaissances. Elles sont exposées dans le présent troisième tome.

Ces techniques d'apprentissage ne sont pas spécifiques aux études de droit. Elles peuvent être considérées comme relevant des domaines du développement personnel et du développement professionnel. Il n'en reste pas moins qu'elles sont rarement enseignées aux étudiants en droit alors qu'ils ont nécessairement besoin d'avoir connaissance de techniques d'apprentissage.

Plusieurs méthodes d'apprentissage sont décrites dans les pages qui suivent. Nous n'avons pas tous le même raisonnement. Une méthode qui fonctionne pour certaines personnes peut ne pas convenir à d'autres.

C'est pourquoi nous vous encourageons à essayer plusieurs méthodes pour déterminer celles que vous considérerez comme les plus étant efficaces pour vous.

Chapitre 1 - Gagner en efficacité avec la concentration

Réussir des études de droit demande de parvenir à observer une grande concentration. Celle-ci est nécessaire aussi bien pour apprendre les différents matières juridiques que pour comprendre et résoudre les exercices juridiques auxquels vous allez être confronté. Cette concentration est d'autant plus essentielle que l'apprentissage du droit n'est que rarement effectué de façon ludique[4].

L'enseignement en France présente de nombreuses défaillances[5], notamment

---

4   Sur l'apprentissage du droit par le jeu vous pouvez prendre connaissance de l'article suivant : « Serious Games Juridiques : l'apprentissage du droit par le jeu », 27 octobre 2019, https://www.ultimatedroit.fr/serious-games-juridique-278/
5   Sur l'état de l'enseignement en France vous pouvez consulter le livre suivant : Jean-Paul Brighelli, « La fabrique du crétin. La mort programmée de l'école », Gallimard, Collection Folio documents, 2006, ISBN : 9782070333097

concernant le fait de mettre les étudiants, et avant eux les élèves, dans les meilleures conditions pour acquérir des connaissances et pour donner le meilleur d'eux-mêmes.

C'est pourquoi nous avons estimé nécessaire de consacrer un chapitre à la concentration[6]. Nous espérons que ces indications vont vous permettre d'apprendre à vous concentrer et à vous reconcentrer.

Section I - Apprendre à vous concentrer

La chronobiologie nous enseigne qu'il est préférable de travailler aux premières heures du matin[7]. Cette période constitue le moment où le pic de concentration atteint son niveau le

---

6 Sur la concentration vous pouvez également prendre connaissance de l'article suivant :
« Comment se concentrer pour réussir ses TD et ses révisions », 8 septembre 2019,
https://www.ultimatedroit.fr/concentration-reussir-td-revisions-142/

plus élevé. Les différentes tâches relatives à vos études doivent donc être la première chose que vous allez accomplir au cours d'une journée. Elle ne doivent pas être précédées d'autres occupations qui pourraient « tuer » votre concentration[8].

La seconde période où le pic de concentration est élevé pendant une journée correspond à la seconde moitié de l'après midi, mais ce pic est moins prononcé que pour le travail tôt en matinée.

Pour favoriser votre concentration vous devez de préférence être dans un environnement calme sans stimulus visuels ou auditifs. Ceux-ci constituent des motifs de distraction de nature à nuire à votre concentration et peuvent vous inciter à faire soit de la procrastination

---

7 Le rythme de vie de chaque personne peut avoir une influence sur la détermination précise de ce moment. Ce qu'il faut retenir c'est qu'il se situe peu de temps après le réveil.
8 En particulier vous ne devez pas commerncer par consulter vos emails.

soit plusieurs choses simultanément, alors que le cerveau humain est plus performant pour traiter les choses isolément.

Le téléphone portable, la radio, la télévision doivent être éteints[9]. Il en va de même pour l'ordinateur sauf si vous avez besoin de lui pour faire un exercice. Dans ce cas là les notifications doivent être désactivées et l'ordinateur ne doit pas être employé pour un autre usage que l'accomplissement de l'exercice en question. Les outils dont vous allez avoir besoin[10] doivent être à portée de main. Idéalement seuls vos outils de travail doivent être sur votre bureau.

Si vous êtes contraint de travailler dans un environnement bruyant sans pouvoir vous

---
9 S'il est préférable d'éteindre le téléphone portable une alternative consiste à le mettre en mode avion.
10 Concernant les outils dont vous avez besoin pour réussir vos études juridiques nous vous proposons de lire : Aurny AIRDUVAL, « Méthodologie juridique, Les Piliers pour réussir vos études de droit, Tome 1 : Les outils », Octobre 2021.

isoler dans une pièce destinée à votre seul usage, ou si celle-ci est mal insonorisée, une solution alternative consiste à recourir à un casque fermé qui va atténuer ou supprimer la nuisance sonore. Dans ce cas il est possible d'utiliser le casque seul ou avec de la musique, laquelle devra alors de préférence être une musique instaurant une ambiance calme et relaxante[11].

Nous pouvons noter que certaines personnes présentent la particularité de parvenir à se concentrer même en écoutant de la musique qui n'est ni calme ni relaxante. Si cela n'est généralement pas conseillé nous estimons que ce constat démontre la diversité du genre humain et la nécessité pour tout un chacun de rechercher la solution qui lui convient le mieux, laquelle n'est d'ailleurs pas forcément figée

---

11 Plusieurs chaînes disponibles sur YouTube proposent de la musique calme et relaxante. Le lien suivant permet d'accéder à une musique douce avec du piano et des sons issus de la nature que nous utilisons lorsque nous sommes contraints d'exercer dans un environnement nuisible :
https://www.youtube.com/watch?v=BPezxUXiW1k

dans le temps et peut évoluer en fonction des situations rencontrées.

Section II - Apprendre à vous reconcentrer

La concentration n'est pas permanente. Elle a une durée limitée dans le temps et elle peut en plus être interrompue par des évènements extérieurs.

Vous devez donc parvenir à dépasser vos pertes de concentrations en apprenant à vous reconcentrer, ce qui peut être fait avec des pauses, en appliquant la respiration alternée ou en pratiquant des exercices musculaires.

I / Les pauses et la reconcentration

Votre concentration va se détériorer progressivement au fil de la journée. L'être humain peut généralement rester concentrer pendant un durée maximale d'environ 45 minutes. Sa capacité de travail est énormément dégradée ensuite[12]. Vous ne pouvez pas déroger à cette règle.

Vous devez donc faire régulièrement des pauses avant d'atteindre une zone de dégradation trop importante. Ces pauses vont permettre à votre esprit de se régénérer. Vous allez ensuite pouvoir reprendre une activité de façon performante.

Cette nécessité d'instaurer des pauses a été conceptualisée par Ivan Illich. La loi d'Illich ou les principes d'Illich sont les désignations usuelles retenues pour désigner le fruit de ses travaux. Les règles préconisées par cette loi sont principalement les suivantes :

---

[12] L'entêtement à travailler lorsqu'un niveau de dégradation important est atteint peut même devenir dangereux car des symptômes comme l'anxiété, l'irritabilité, voire la dépression, peuvent apparaître.

- faire une pause de 2 minutes toutes les 10 minutes de travail : en raison de la faible durée de ces dix minutes de travail les deux minutes de pause sont considérées comme étant suffisantes pour permettre au cerveau de « reprendre son souffle ». Cette technique vise à permettre un meilleur apprentissage et une plus grande réflexion.

- faire une pause de 5 minutes toutes les 25 minutes de travail : cette technique impose de définir une tâche à accomplir et à lui consacrer vingt-cinq minutes de travail à l'issue desquelles cinq minutes de pauses doivent être observées. L'idéal consiste à parvenir à préparer à l'avance la liste des taches à accomplir dans la journée et à répéter ce cycle temporel jusqu'à l'achèvement de toutes les tâches[13].

- alterner des périodes de 12 minutes de repos et de 12 minutes de travail : cette technique

---

[13] Cette technique est proche de la technique de Pomodoro conceptualisée par Francesco Cirillo

est préconisée pour les tâches qui demandent une grande concentration tout en étant peu motivantes, ennuyeuses et mécaniques. Elle doit permettre de limiter les erreurs.

Si vous ne parvenez pas à respecter strictement ces phases de pause et de travail ce que vous devez retenir réside dans la nécessité d'instaurer des périodes de pause pour vous reconcentrer.

II / La respiration alternée et la reconcentration

La respiration alternée est une technique de relaxation qui aurait été utilisée en son temps par Léonard de Vinci et qui est bien connue des adeptes du Yoga. Vous pouvez faire usage de celle-ci pour vous reconcentrer en cas de perte de concentration[14].

---
14 Cette technique fonctionne aussi pour augmenter votre concentration intiale.

Pour pratiquer la respiration alternée vous devez procéder ainsi :

- vous devez boucher une de vos narines avec un pouce,

- vous devez respirer pleinement avec uniquement l'autre narine,

- vous devez ensuite boucher aussi votre autre narine avec votre autre pouce et retenir votre respiration quelques secondes.

- vous pouvez ensuite libérer la première narine qui était bouchée et expirer pleinement par celle-ci,

- vous devez ensuite reproduire ce schéma mais cette fois ci la narine qui va être bouchée va être celle avec laquelle vous avez respiré la première fois, d'où l'idée d'alternance,

- ce cycle doit être reproduit une vingtaine de fois,

- de préférence la respiration alternée doit être faite en étant assis, avec le dos bien droit et avec les yeux fermés.

Cette technique doit vous aider à retrouver du calme et de la concentration.

III / Les exercices musculaires et la reconcentration

Certains exercices musculaires peuvent également être utilisées pour se reconcentrer. Nous vous proposons de faire l'exercice suivant qui très simple et qui présente l'avantage de pouvoir être effectué quasiment n'importe où et sans matériel :

- mettez vous debout,

- levez un genou,

- toucher ce genou avec le coude opposé,

- reposez votre jambe,

- faites ensuite la même chose en changeant de côté,

- vous devez ensuite lever un talon vers l'arrière,

- touchez ce talon avec la main opposée,

- reposez votre jambe,

- faites ensuite la même chose en changeant de côté,

- faites ces gestes plusieurs fois.

Cet exercice musculaire est réputé pour aider à se détendre et à se reconcentrer.

Chapitre 2 - Comprendre et mémoriser avec l'écriture manuscrite

Nous vous encourageons à prendre des notes d'une façon manuscrite[15] et non directement sur un support informatique. Si nous ne contestons pas les avantages que la prise de notes sur un support informatique peut présenter[16] nous devons attirer votre attention sur le fait qu'elle souffre d'être non générative.

A l'inverse la prise de notes de façon manuscrite permet d'apprendre, de comprendre et de mieux mémoriser les

---

15 Sur l'écriture manuscrite vous pouvez prendre connaissance de l'article suivant : « L'écriture manuscrite favorise l'apprentissage et la mémorisation », 24 décembre 2020, https://www.ultimatedroit.fr/ecriture-memoire-713/
16 La prise de notes sur un support informatique peut :
  - faciliter la relecture,
  - favoriser le partage des notes,
  - faciliter le classement et l'archivage des notes,
  - favoriser un gain de temps.

données objets de la prise de notes. Le simple mouvement de la main pour écrire provoque une stimulation pour le cerveau qui est attentif aux informations traitées alors qu'il est plus passif lorsque les données sont rentrées dans un ordinateur avec un clavier.

Il est important que vous développiez votre propre technique de prise de notes, notamment en créant vos propres abréviations pour éviter de devoir écrire des mots entiers. Ces abréviations vont vous aider à prendre des notes plus rapidement et plus efficacement[17].

---

17 Nous vous suggérons des abréviations que nous utilisons nous-mêmes :
- « Gt » pour « Gouvernement »,
- « PdR » pour « Président de la République »,
- « PM » pour « Premier Ministre »,
- « L » pour « Loi »,
- un « P » entouré d'un cercle : Parlement (peut être utilisé aussi pour le Président de la République, il faut faire attention à bien définir vos abréviations pour ne pas risquer des confusions)
- « 2G » ou « C2G » ou « G2G », respectivement pour « De Gaulle » ou « Charles de Gaulle » ou « Général de Gaulle »,
- « Rep » pour « République ».

Nous vous suggérons d'utiliser des stylos de différentes couleurs pour prendre vos notes. Cette diversité va vous permettre de mettre plus facilement en évidence des mots ou groupes de mots. Le mieux néanmoins au lieu d'avoir toute une série de stylos consiste à recourir à l'usage d'un stylo quatre couleurs.

Vous pouvez aussi agrémenter vos notes d'images diverses et variées qui disposeront d'une signification particulière. Ainsi pour signaler un passage important, ou selon le cas dangereux, vous pouvez dessiner en marge un panneau de signalisation de danger[18]. Pour signaler une interrogation vous pouvez mettre en marge un gros point d'interrogation.

Le graphisme pour la prise de notes peut aussi être détourné de son but premier pour servir à d'autres usages. Ainsi vous pouvez prendre

---

18 A l'instar de ceux que nous pouvons voir au bord des routes

des notes en concevant des cartes mentales[19] ou des organigrammes lorsque la situation s'y prête. Il peut également être utilisé lorsque vous réalisez un exercice. Par exemple une croix en marge peut signaler qu'un point vous semble incorrect et doit être retraité. A l'inverse le signe « check » en marge peut signaler qu'un point particulier a été traité correctement et que vous n'avez pas à revenir sur celui-ci.

---

[19] Sur les cartes mentales vous pouvez prendre connaissance du chapitre dédiés à celles-ci qui est contenu dans le présent tome.

Chapitre 3 - Lutter contre la courbe de l'oubli avec la répétition espacée

Une personne qui désire apprendre une matière est systématiquement confrontée à une difficulté importante qu'elle ne peut pas vaincre avec une méthode d'apprentissage classique. Cette difficulté réside dans le fait que progressivement elle va oublier les choses qu'elle vient d'apprendre.

Ce phénomène est connu sous le nom de « courbe de l'oubli ». Cette courbe, qui est toujours dans un sens descendant, présente une intensité qui varie en fonction des individus et selon les choses apprises. Mais dans tous les cas cette courbe existe. Elle est inéluctable. Les choses apprises ont vocation à tomber dans l'oubli.

Cette difficulté n'est quasiment jamais prise en considération dans l'enseignement. En effet en général l'apprentissage d'une matière est fait en une seule fois. Des données sont apprises, l'enseignant passe ensuite à autre chose et au fil du temps l'élève[20] va oublier les données qu'il a appris antérieurement.

C'est pourquoi nous vous conseillons d'apprendre autrement. Nous vous encourageons à recourir à la répétition espacée[21].

La technique de la répétition espacée consiste à revenir après un certain laps de temps sur ce que l'on a déjà appris. Il faut donc répéter un apprentissage, refaire des exercices déjà faits, réapprendre ce que l'on sait déjà. Cette

---

20 Ou l'étudiant selon le niveau de scolarité.
21 Sur la répétition espacée vous pouvez consulter l'article suivant : « Comment apprendre mieux avec la répétition espacée », 8 février 2021, https://www.ultimatedroit.fr/comment-apprendre-repetition-espacee-1096/

répétition va aider à garder plus longtemps les données en mémoire.

L'apprentissage des langues étrangères démontre parfaitement l'efficacité de la répétition espacée.

La meilleure façon pour apprendre une langue étrangère consiste à séjourner dans le pays concerné par cette langue[22]. En effet avec cette immersion l'apprenant va être contraint de parler chaque jour à des personnes de ce pays. Il va entendre plusieurs fois des mots et des expressions. Il va devoir revenir sur ces termes et il va être contraint chaque jour de dire des mots pour pouvoir vivre dans ce pays.

---

22 Concernant l'apprentissage de l'anglais vous pouvez prendre connaissance des articles suivants :
- « 11 techniques pour apprendre l'anglais », 16 septembre 2020, https://www.ultimatedroit.fr/apprendre-anglais-695/ ;
- « Comment améliorer votre anglais juridique », 20 février 2021, https://www.ultimatedroit.fr/anglais-juridique-1155/

L'apprenant fait ainsi sans le savoir usage de la méthode de la répétition espacée.

La technique de la répétition espacée fonctionne pour toutes les matières que l'on souhaite apprendre. Elle n'est pas cantonnée à l'apprentissage des langues étrangères. Elle fonctionne également pour apprendre les matières juridiques. En effet pour apprendre le droit il faut aussi s'astreindre à utiliser la technique de la répétition espacée pour lutter contre la courbe de l'oubli.

Ainsi dans le domaine juridique la répétition espacée peut résider dans le fait d'apprendre plusieurs fois des cours. Elle peut aussi résider dans le fait de lire à plusieurs reprises des décisions de justice pour bien s'habituer à la construction de celles-ci. Elle peut aussi porter sur le fait de répéter la réalisation d'exercices juridiques pour bien apprendre la technique relative à ceux-ci.

Chapitre 4 - Atteindre vos objectifs avec la méthode des petits pas

La méthode des petits pas[23] est une technique très simple et efficace à laquelle vous pouvez recourir pour atteindre vos objectifs dans le cadre de vos études de droit.

Selon cette méthode lorsqu'un objectif est difficilement atteignable il ne faut pas s'attaquer frontalement à cet objectif.

Il est préférable de faire les choses progressivement, de réaliser des actions graduellement, d'agir petit à petit, d'où le terme de petit pas.

---

23 Cette technique a été développée aux USA au début du XXème siècle. Au lendemain de la seconde guerre mondiale les japonais adoptèrent cette méthode et la désignèrent sous l'appellation « méthode kaizen », appellation qui réunie les mots « kai », qui signifie « le changement », et « zen », lequel signifie « bon ».

Concrètement pour atteindre un objectif complexe cette méthode conseille de diviser celui ci en plusieurs parties. Il faut ensuite réaliser ces différentes parties les unes après les autres. Ainsi au lieu de devoir accomplir une tache certes unique mais difficile il va être nécessaire de faire plusieurs tâches avec un niveau de difficulté bien plus faible.

Cette réalisation fractionnée permet de ne pas se décourager et de gagner en confiance. La méthode des petits pas est également considérée comme pouvant réduire le stress. Elle donne également l'opportunité de mieux s'organiser. Elle favorise la réalisation d'objectifs difficiles ou impossibles à atteindre autrement.

La méthode des petits pas peut être utilisée dans pratiquement tous les domaines et notamment pour l'apprentissage du droit. Ainsi au lieu de tenter d'apprendre une leçon en une seule fois vous pouvez la diviser en plusieurs parties et apprendre les notions progressivement. Il en va de même pour la réalisation d'un devoir *a fortiori* si celui-ci a vocation a être long.

Chapitre 5 - Gagner du temps avec la lecture rapide

Lors de vos études de droit vous allez devoir lire une importante masse de documents. Ceux-ci peuvent en outre avoir une longueur importante. Cette tâche va se révéler très chronophage.

Pour gagner du temps il peut être tentant de recourir à une méthode connue sous le nom de lecture rapide[24]. S'il existe des techniques classiques de lecture rapide nous préconisons une technique pragmatique de lecture rapide.

---

[24] Concernant la lecture rapide nous vous proposons de lire l'article suivant : « La lecture rapide pour les juristes », 2 octobre 2019, https://www.ultimatedroit.fr/lecture-rapide-juristes-212/

Section I - Les techniques classiques de lecture rapide

Selon la technique de lecture rapide qui est la plus souvent évoquée il est nécessaire de se servir d'un stylo ou d'un doigt comme pointeur. Ce pointeur doit suivre chaque ligne lors de la lecture. Celle-ci s'en trouverait facilitée d'où la possibilité d'accélérer la cadence de la lecture.

Une autre technique peut être utilisée pour lire rapidement. Selon celle-ci il faudrait se concentrer sur la partie centrale d'une phrase et ignorer les premiers mots de cette phrase ainsi que ses derniers mots. Le mouvement des yeux se trouverait ainsi limité mais les premiers mots et les derniers mots de la phrases seraient malgré tout visualisés et le cerveau reconstituerait correctement le sens de la phrase.

Ces techniques, qui peuvent être utilisée conjointement, ne fonctionnent pas pour toutes les personnes. Dans le pire des cas elles peuvent même ralentir la lecture. Nous estimons également que ces méthodes de lecture rapide appliquées dans le domaine juridique sont dangereuses. En effet en droit chaque mot est important. Il en va de même pour chaque ponctuation.

Dès lors en voulant lire « à toute allure » les risques de ne pas visualiser un mot ou une ponctuation augmentent considérablement.

Nous avons en conséquence été amené à développer une technique pragmatique de lecture rapide.

Section II - Notre technique pragmatique de lecture rapide

Le but de la lecture rapide consiste à gagner du temps pour prendre connaissance de données. En partant de ce postulat nous avons posé quatre règles pour développer une technique pragmatique de lecture rapide.

I / Première règle : limiter la documentation à lire

Il est louable de vouloir s'entourer de documents en quantité suffisante pour ne pas omettre une information importante. Toutefois il ne faut pas non plus tomber dans l'excès inverse qui consiste à réunir trop de documents[25]. Il faut limiter la quantité de données à lire même si cet exercice peut être difficile voire même hasardeux[26].

---

25 Sur l'abus de documentation nous vous proposons de lire le livre suivant : Aurny AIRDUVAL, « Méthodologie juridique, Les Piliers pour réussir vos études de droit, Tome 1 : Les outils », Octobre 2021, plus précisément le passage suivant : Chapitre I « La documentation », Section II « Construire votre documentation », I « Comment choisir votre documentation », E « L'abus de documentation ».

26 Il n'existe pas de limite fixe car chaque situation est particulière. Une solution pourrait être de se limiter à rechercher les éléments qui sont les plus cités par

II / Deuxième règle : limiter la profondeur des données à lire

Certains documents n'ont en réalité pas a être consultés en totalité. En effet il existe des supports ou des domaines pour lesquels les données n'ont qu'une qualité très faible. Ainsi il n'est pas rare que le contenu de certains articles ne soit d'aucune utilité. Seul le titre apporte une information. L'article en lui-même n'apporte rien, il ne fait qu'étayer le titre mais il n'a aucune valeur. Sont très souvent concernés par cette remarque les articles publiés dans la presse généraliste.

Pour les documents juridiques il est également possible de limiter la profondeur des données à lire. Ainsi si une loi aborde plusieurs thématiques vous pouvez vous contenter de

---

rapport à la thématique en cause, voire même de se restreindre à un nombre préalablement déterminé de façon quasiment arbitraire.

lire la partie de la loi qui traite du sujet qui a un lien avec l'exercice que vous devez faire. Il en va de même pour une décision de justice qui tranche des points de droit sur plusieurs sujets alors qu'un seul d'entre eux vous intéresse.

III / Troisième règle : la lecture rapide n'a pas la même efficacité pour les données non techniques et pour les données techniques

La lecture rapide est plus aisée lorsqu'elle ne porte pas sur des données techniques. Lorsque les données ne sont pas techniques la lecture peut être limitée dans une immense majorité des cas à une lecture des titres.

Ainsi les articles publiés sur internet ainsi que ceux consultables dans des journaux « papiers » peuvent eux donner lieu à une lecture rapide lorsqu'ils ne concernent pas des données techniques.

De même lorsqu'il s'agit d'un ouvrage dont le contenu n'est pas technique de nombreux passages peuvent être survolés.

Par contre lorsque la lecture doit porter sur des données techniques, ce qu'est le droit, la lecture rapide est dangereuse et doit de préférence être écartée.

En effet les données techniques sont complexes. Elles imposent une plus grande concentration, une plus grande vigilance, une obligation de bien lire quitte à revenir en arrière pour comprendre le sens de chaque mot. Dans ce cas une lecture rapide serait catastrophique.

IV / Quatrième règle : la lecture rapide ne doit pas être envisagée de la même façon pour un juriste débutant et pour un juriste expérimenté

Un étudiant en droit qui commence ses études va avoir beaucoup de difficultés pour lire des données juridiques même à une vitesse de lecture lente.

En effet il découvre des mots nouveaux dans les manuels, dans les articles, dans les décisions de justice. Il découvre également des nouvelles formulations. Il peut aussi être perturbé par des mots qui ont un sens dans le langage commun et un autre dans le langage juridique. Il va lui être difficile de lire et de comprendre les décisions de justice, à tel point qu'il peut être nécessaire d'utiliser un stylo pour écrire des annotations en marge ou pour faire des repères dans la décision elle-même pour mieux l'assimiler.

On ne peut en conséquence que conseiller à un étudiant en droit qui débute sa formation de ne pas tenter de se livrer à une lecture rapide.

La situation est différente pour un juriste expérimenté. Il a l'habitude du langage juridique et des formulations propres au droit. Il est dans un domaine connu. La forme des décisions de justice ne le bloque pas. Les manuels, articles, décisions de justice sont des lectures habituelles pour lui.

Il va donc nécessairement lire plus vite qu'un étudiant débutant. Toutefois sa vitesse habituelle de lecture peut être ralentie en présence d'un cas particulier, par exemple lorsqu'il doit prendre connaissance d'un nouveau texte dont le contenu est particulièrement obscur.

Chapitre 6 - Apprendre par coeur avec le Palais de mémoire

Le palais de mémoire[27] est une méthode mnémotechnique qui repose sur la mémoire visuelle et sur les associations entre des lieux et des images[28]. En effet les lieux et les images sont plus aisément mémorisables que des mots ou des phrases entières.

Concrètement cette technique consiste à placer des images mémorables sur un trajet imaginaire et à imprimer dans sa mémoire aussi bien les images que le trajet. Le trajet imaginaire doit correspondre à des lieux

---

27 Sur le Palais de mémoire nous vous proposons de lire l'article suivant : Comment l'usage du Palais de mémoire optimise la mémoire des juristes, 24 octobre 2019, https://www.ultimatedroit.fr/palais-memoire-juristes-268/
28 Cette technique se rencontre aussi sous d'autres désignations : art de mémoire, méthode des lieux, méthodes des loci (le terme « *loci* » signifiant « lieux » en latin).

connus d'une façon parfaite[29]. Les images représentent les éléments qu'il faut retenir. Les images doivent être frappantes et illustratives pour faciliter la mémorisation. Elles peuvent être choquantes, violentes, disproportionnées, chimériques, autant de caractéristiques qui facilitent la mémorisation. Ces images constituent des réceptacles à souvenir[30] dont le positionnement va correspondre à des endroits clefs du chemin à parcourir.

Ainsi les images illustrent les éléments qu'il faut mémoriser. Le parcours détermine l'ordre dans lequel la mémorisation des images doit être faites. Dès lors que le chemin imaginaire a été établi et que les images ont été déposées aux endroits choisis il faut parcourir

---

[29] Il peut s'agir d'une maison familiale ou du trajet effectué fréquemment, comme de nos jours celui qui permet de se rendre de son domicile à son travail.

[30] Le terme « réceptacles à souvenir » utilisé dans cet article semble avoir été créé par Hèlene Weber. Psychologue, sociologue et formatrice, elle a notamment rédigé l'ouvrage suivant : « Objectif Mémoire », Eyrolles, 2013, ISBN 2212557027. Elle est également autrice du site internet donnezdusens.fr,url : https://www.donnezdusens.fr/

mentalement plusieurs fois ce chemin pour parvenir à une bonne mémorisation de celui-ci et des images. Lorsqu'il sera nécessaire de restituer les éléments mémorisés il suffira de refaire mentalement le parcours du palais de mémoire.

Idriss Aberkane nous enseigne que cette technique est utilisée par tous les athlètes de la mémorisation[31]. Le palais de mémoire permet d'apprendre des livres entiers. Historiquement cette technique a permis aux religieux de l'antiquité et du moyen âge de retenir la Bible, la Torah, le Coran. Le palais de mémoire peut aussi être utilisé pour retenir des discours. Des acteurs ont recours à cette technique pour retenir une pièce de théâtre entière.

Le palais de mémoire peut bien évidemment aussi être utilisé par les juristes, le meilleur

---

31 Idriss Aberkane, « Libérez votre cerveau, Traité de neurosagesse pour changer l'école et la société », Editions Robert Laffont, Collection Réponses, 2017, ISBN 2221215540.

exemple provenant de Cicéron puisqu'il était un adepte du palais de mémoire.

Ainsi vous pouvez construire un palais de mémoire pour retenir un cours, un livre, de la jurisprudence, des définitions.

Votre palais de mémoire ne va pas être construit pour retenir chaque mot. Il va être élaboré pour retenir les mots clefs, les points déterminants.

Le choix des images devra être effectué en ayant à l'esprit une relation avec la matière juridique à traiter[32].

Le choix de chaque image est personnel toutefois vous devez conserver à l'esprit que l'image doit être « parlante », autrement dit

---

[32] Par exemple pour la nomination d'un administrateur ad hoc, vous pouvez visualiser l'image du capitaine haddock, pour un meurtre vous pouvez visualiser l'image d'un cadavre recouvert de sang.

significative ou évocatrice, et facilement mémorisable que ce soit en raison de sa taille, de son caractère choquant, déplacé ou obscène.

Le Palais de mémoire peut être un formidable outil de mémorisation à condition de parvenir à maîtriser cette technique ce qui ne pas nécessairement à la portée de chacun.

Chapitre 7 - Mieux vous informer avec la diète médiatique

Il est souvent conseillé aux étudiants en droit de se tenir informer de l'actualité. Il existe alors un risque important de vouloir suivre d'une façon parfaite l'actualité en multipliant les sources d'information, ce qui va créer un embonpoint médiatique.

De plus le temps passé à la consultation de l'actualité est du temps qui ne va pas être consacré à d'autres aspects de vos études.

C'est pourquoi il est préférable de respecter une diète médiatique[33], ce qui peut être effectué en mettant en place deux actions simples.

---

33 Sur la diète médiatique nous vous proposons de lire l'article suivant : « Comment apprendre mieux avec la diète médiatique », 15 février 2021, https://www.ultimatedroit.fr/diete-mediatique-1131/

La première action que vous devez instaurer pour réussir votre diète médiatique consiste à limiter les sources d'informations.

Cette limitation doit à titre principal porter sur les médias généralistes spécialisés dans l'actualité. Le niveau de ceux-ci s'est littéralement écroulés au fil des années. Ils sont devenus quasiment interchangeables les uns avec les autres. Vous pouvez limiter votre consultation des médias généralistes spécialisés dans l'actualité à un seul d'entre eux.

La seconde action à instaurer consiste à rechercher et à ne consulter que des sources d'informations à forte valeur ajoutée[34].

---

34 A l'exception de la seule source relative à l'actualité évoquée dans le paragraphe précédant.

Ces sources d'informations à forte valeur ajoutée doivent en principe être spécialisées dans le domaine juridique.

Ces sources doivent vous permettre de prendre connaissance d'articles, de vidéos ou de podcast de référence réalisés par des auteurs de référence ou qui pourraient l'être même s'ils n'ont pas une reconnaissance médiatique.

La diète médiatique repose ainsi sur un tri. En principe vous ne devez consulter que des données à forte valeur ajoutée et ce n'est qu'à titre exceptionnel que vous pouvez prendre connaissance de données diffusées par des médias non spécialisés dans le domaine juridique.

Chapitre 8 - Mieux gérer votre temps avec la loi de Pareto

Vilfredo Pareto dans son livre intitulé « Cours d'économie politique » affirme que 80 % de la richesse et des revenus d'une nation sont produits et possédés par 20 % de la population[35]. Ce déséquilibre significatif est depuis désigné de différentes façons : « règle des 80 / 20 », « principe des 80 / 20 », « loi des 80 / 20 », « la loi de Pareto »[36].

Il est intéressant de constater que ce déséquilibre significatif n'est pas cantonné à la richesse et aux revenus d'une nation. En effet

---

35 La répartition telle que présentée ci-dessus ne doit toutefois pas être prise au pied de la lettre, il s'agit plutôt d'un ordre de grandeur susceptible de variabilité, l'important étant de constater la présence d'un ratio déséquilibré d'une façon significative.
36 Sur la loi de Pareto nous vous proposons de lire l'article suivant : « Les juristes et la gestion du temps avec la loi de Pareto ou la règle des 80 / 20 », 30 novembre 2019, https://www.ultimatedroit.fr/juriste-loi-pareto-regle-80-20-342/

il peut être constaté dans plusieurs autres domaines[37].

---

[37] Parmi les nombreux domaines où un déséquilibre significatif similaire peut être observé nous pouvons citer les cas suivants :
- 80 % des conséquences résultent de 20 % des causes,
- 80 % des résultats résultent de 20 % de l'effort et du temps,
- 80 % des ventes sont réalisées par 20 % des références,
- 80 % du chiffre d'affaires est réalisé avec 20 % des clients,
- 80 % du chiffre d'affaires résulte de la vente de 20 % des produits,
- 80 % des réclamations sont faites par 20 % des clients ou concernent 20 % des produits,
- 80 % du trafic d'un site internet résulte de mots clés secondaires de la longue traîne, 20 % du trafic provient des mots clés principaux de la traîne,
- 80 % de la réalisation d'un projet résulte de 20 % d'efforts,
- 80 % de tous les gains en bourse sont faits par 20 % des investisseurs,
- 80 % des gains en bourse réalisés par un investisseur résultent de 20 % de son portefeuille,
- 80 % des vêtements dont disposent une personne ne sont portés que 20 % du temps,
- 80 % des pannes résultent de 20 % des équipements,

La gestion du temps est essentiel dans toutes activités. Les études de droit ne dérogent pas à cette règle.

Un étudiant qui suit un cursus juridique peut améliorer sa gestion du temps et sa productivité avec la règle des 80 / 20.

Vous pouvez ainsi augmenter vos chances d'obtenir vos diplômes en suivant la loi de Pareto et notamment en retenant les points suivants :

- 20 % des causes entraînent 80 % des effets,

- 20 % des efforts entraînent 80 % des résultats,

- 80 % de notre vie sociale est passé avec 20 % de nos amis,
- 80 % des informations résultant d'une lecture sont données par 20 % des mots,

- 20 % du cours contient 80 % des informations.

Si nous ne vous encourageons pas à faire des impasses sur des données que vous devriez normalement apprendre vous pouvez toutefois retenir que vous pouvez avoir intérêt à concentrer vos efforts principalement sur ce qui est le plus important[38].

---

[38] Ceci étant posé l'opération la plus délicate consiste à déterminer les éléments vitaux à retenir, ce qui varie naturellement en fonction de chaque matière particulière. Un indicateur peut être l'insistance d'un professeur sur un point particulier.

Chapitre 9 - Gagner en efficacité en combattant la loi de Parkinson

La loi de Parkinson[39] correspond à une théorie élaborée par Cyril Northcote Parkinson. Ce chercheur britannique a réalisé des travaux portant sur l'étude de l'administration publique britannique. Ses travaux lui ont permis d'élaborer plusieurs lois[40], parmi lesquelles

---

39 Sur la loi de Parkinson nous vous proposons de lire l'article suivant : « Les juristes doivent combattre la loi de Parkinson pour gagner en efficacité », 7 décembre 2019, https://www.ultimatedroit.fr/juristes-loi-parkinson-355/
40 Les différentes lois de Parkinson sont notamment les suivantes :
- tout travail est extensible, il a tendance à se dilater pour occuper finalement la totalité du temps qui lui est imparti,
- un fonctionnaire entend multiplier ses subordonnés et non ses rivaux, ce qui entraîne une division du travail et une augmentation des effectifs, les effectifs sont en progression constante même en cas de baisse des attributions,
- lorsqu'un effectif atteint ou dépasse mille personnes le temps de travail peut se consacrer uniquement à la gestion de cet effectif, au détriment d'autres tâches,

celle qui nous intéresse plus particulièrement présentement est la suivante : tout travail est extensible, il a tendance à se dilater pour occuper finalement la totalité du temps qui lui est imparti[41].

Conceptualisée à partir de l'observation des administrations publiques britanniques cette loi à toutefois une portée universelle. Elle s'applique dans d'autres pays et dans d'autres domaines. C'est ainsi qu'elle a notamment à vocation à s'appliquer aux étudiants en droit.

En effet comme toute autre personne l'étudiant en droit peut être touché par la loi de Parkinson. Ainsi un travail qui pourrait prendre normalement 24 heures, risque de prendre la

---

    - lorsqu'un budget est important le temps consacré à le discuter est peu élevé, alors qu'à l'inverse le temps consacré à un budget moins important est plus élevé,
    - un cabinet ministériel est inefficace dès lors qu'il atteint entre 19,2 et 22,4 membres,
[41] Cette loi de Parkinson est aussi désignée sous le terme : « effet gaz ».

totalité du délai disponible si la date butoir est fixée non à 24 heures mais à une semaine. De même si la date butoir est fixée en mois, le travail risque de se dilater pour occuper la totalité de ce délai.

Ceci est d'autant plus dramatique qu'il n'est pas certain que la qualité du travail fournie en profitant du délai le plus important sera meilleure qu'en respectant un délai plus court, elle pourrait même être moindre.

Il est donc important de vous astreindre à vous fixer des dates butoirs très courtes. Ceci va vous permettre de vous concentrer réellement sur le travail à accomplir en écartant les tâches secondaires. Votre productivité va s'en trouver améliorer.

La difficulté réside bien évidemment à trouver un juste équilibre entre la nécessité de respecter un délai court et le niveau de travail à fournir. Le travail ne doit bien évidemment pas devenir impossible à accomplir dans le délai fixé, ce qui pourrait entraîner un surmenage, du stress, de la renonciation. Il faut tenir compte d'une approche réaliste et raisonnable pour gagner en efficacité.

Il est possible d'aller encore plus loin pour gagner en efficacité. En effet la loi de Parkinson peut être utilisée conjointement avec la loi de Pareto. Cet effet cumulé permet de créer un cercle vertueux. Comme exposé dans le chapitre du présent tome dédié à la loi de Pareto celle-ci permet de supprimer les tâches non essentielles pour se concentrer aux seules tâches importantes, tandis que la loi de Parkinson permet de limiter le temps de travail pour accomplir les tâches importantes plus rapidement.

Chapitre 10 - Fixer facilement vos objectifs

Cette technique peut s'inscrire dans le prolongement du chapitre précédant relatif à la technique qui permet de gagner en efficacité en combattant la loi de Parkinson. Nous vous rappelons que dans ce chapitre il avait été indiqué qu'il est souhaitable de se fixer des dates butoirs très courtes pour accomplir une tâche. Ceci revient à se fixer des objectifs.

Il existe une technique toute simple pour se fixer des objectifs et pour aider à les atteindre. Cette technique consiste à utiliser la puissance de l'écrit. En effet pour tenir un objectif il est important au préalable de fixer une date d'échéance pour la réalisation de celui-ci et de garder une trace de cette date limite, trace qu'il sera facile de consulter. L'écrit en outre va permettre de s'approprier plus facilement la nécessité de réaliser le but ainsi fixé. Cela va marquer le cerveau autant que la page sur laquelle l'objectif à atteindre est mentionné.

S'inscrivant dans le sens de cette technique certaines personnes mettent en place des dispositifs plus ou moins complexes, principalement en divisant des feuilles en différentes parties à moins que ce ne soit un cahier entier qui subisse le même sort.

Pourtant le plus simple est peut être le plus efficace. En effet un simple agenda permet de fixer efficacement les objectifs à atteindre. Il suffit en effet de mentionner le but à atteindre sur une page de l'agenda pour déterminer ainsi la date limite pour réaliser celui-ci. Si des étapes intermédiaires semblent nécessaires celles-ci peuvent être mentionnées également, pour des dates antérieures.

Cette technique de fixer par écrit des objectifs à atteindre et de conserver cette trace écrite à laquelle on peut se rapporter facilement peut avoir une variante plus moderne.

Cette variante plus moderne consiste à recourir à un procédé informatique. En effet les agendas sur un support papier ont connu une seconde vie sous la forme d'un agenda disponible sur un support numérique.

Disponibles soit sous de façon résidente sur un ordinateur soit en ligne ces agendas disposent de toute une série de fonctionnalités utiles dont sont dépourvus leurs homologues plus traditionnels[42].

L'automatisation entraînée par les agendas électroniques est appréciable mais il manque

---

42 Ainsi les agendas sous forme informatique disposent pour quasiment l'intégralité d'entre eux d'un rappel automatique des tâches. Cette fonctionnalité appréciable va rappeler qu'il est nécessaire d'accomplir une tâche précise, un objectif dans notre raisonnement, pour une date fixée à l'avance.

en réalité la puissance d'un écrit réel sur une feuille de papier. Chaque personne, en fonction de ses préférences se tournera vers un agenda papier ou vers une solution informatique.

Chapitre 11 - Disposer d'un outil multifonctions avec les cartes mentales

Les cartes mentales constituent une technique dont l'ancienneté remonterait à Aristote[43].

---

43 Concernant les cartes mentales nous vous proposons de lire les articles suivants :
- « Comment faire une carte mentale », 25 novembre 2020, https://www.ultimatedroit.fr/comment-faire-carte-mentale-905/
- « Comment choisir l'orientation d'une carte mentale », 7 novembre 2020, https://www.ultimatedroit.fr/orientation-carte-mentale-829/
- « Carte mentale : manuscrite ou numérique, laquelle choisir ? », 13 octobre 2020, https://www.ultimatedroit.fr/carte-mentale-manuscrite-numerique-767/
- « Les éléments qui composent les cartes mentales », 23 novembre 2020, https://www.ultimatedroit.fr/elements-cartes-mentales-896/
- « Ce que sont les cartes mentales », 15 novembre 2020, https://www.ultimatedroit.fr/carte-mentale-definition-857/
- « Les cartes mentales et les cartes conceptuelles », 4 novembre 2020, https://www.ultimatedroit.fr/cartes-mentales-conceptuelles-819/

Susceptibles d'être désignées par d'autres termes[44] les cartes mentales permettent d'exposer un raisonnement sous la forme d'un schéma.

Les cartes mentales permettent de poser des idées, de comprendre une situation, d'envisager des solutions, de faciliter la mémorisation, d'écrire des documents allant d'un simple résumé à une thèse de doctorat. Elles couvrent un conséquence un champ d'application très large.

- « Les logiciels pour faire des cartes mentales numériques », 24 octobre 2020, https://www.ultimatedroit.fr/logiciels-cartes-mentales-799/
- « Cartes mentales : un outil puissant pour les juristes », 6 octobre 2019, https://www.ultimatedroit.fr/cartes-mentales-juristes-218/

[44] Les cartes mentales peuvent être désignées par d'autres termes : mind map, carte heuristique, carte cognitive, carte des idées.

Elles peuvent être décrite basiquement comme étant constituées par des sortes de bulles[45] qui comportent des mots clefs. Ces bulles sont reliées entre elles par des traits ou par des flèches. Cette combinaison permet d'obtenir une arborescence. Cette arborescence permet de voir graphiquement le développement d'un raisonnement.

Les cartes mentales peuvent être effectuées très simplement avec une simple feuille de papier[46] et un stylo[47].

Pour concevoir une carte mentale il est également possible d'utiliser des logiciels de cartographie mentale.

---

45 D'autres formes géométriques peuvent être rencontrées, toutefois la bulle est la forme la plus fréquente.
46 De préférence orientée en mode paysage.
47 L'usage de stylos de différentes couleurs est encouragé pour enrichir la carte mentale.

Parmi les différents logiciels disponibles il est possible de citer Freemind[48], FreePlane[49] et Framindmap[50].

Nous vous incitons à utiliser les cartes mentales. Le champ d'application de celles-ci est tellement vaste qu'elles constituent un véritable outil multifonctions. Elles constituent une véritable bouée de sauvetage pour des étudiants qui grâce à elles sont parvenus à voir leur cursus couronné de succès alors qu'ils estiment que sans elles ils auraient échoué.

---

48 Site web de Freemind : http://freemind.sourceforge.net/wiki/index.php/Main_Page
49 Site web de Freeplane : https://www.freeplane.org/
50 Site web de Framindmap : https://framindmap.org/c/login

Chapitre 12 - Réviser avec des fiches de révision

La technique des fiches des révisions est probablement la plus connue des méthodes décrites dans le présent tome.

Cette technique doit permettre d'apprendre et de réviser plus rapidement des cours. En effet une fiche de révision synthétise le contenu d'un cours.

Seuls les éléments importants du cours ont vocation à être mentionnés dans la fiche de révision. Les éléments secondaires n'ont pas à figurer dans celle-ci. Dès lors la relecture de la fiche de révision sera plus rapide que celle du cours lui-même ce qui va, à ce stade, entraîner un gain de temps.

Toutefois la réalisation de la fiche de révision peut être chronophage. Il est en effet nécessaire de lire le cours et de parvenir à le synthétiser avant de rédiger la fiche. Ceci constitue une contrainte importante qui peut conduire à s'interroger sur l'opportunité de recourir à des fiches de révision.

La technique des fiches de révision n'est pas nécessairement adaptée à chaque étudiant.

Ainsi certaines personnes ne savent pas réellement faire une fiche de révision, principalement car elles n'ont pas un esprit de synthèse assez développé.

Concrètement elles ne vont pas faire une sélection suffisamment pointue à l'issue de laquelle elles devraient normalement ne retenir que les éléments intéressants. Elles vont au contraire avoir tendance à retranscrire quasiment la totalité du cour dans la fiche de révision.

Elles peuvent aussi tout simplement ne pas parvenir à apprendre avec les fiches de révision. Elles ont besoin d'une autre méthode.

C'est pour cela que conscient du fait que chaque personne est unique nous avons souhaité avec le présent tome vous faire découvrir toute une palette de techniques d'apprentissage.

Postface

Nous avons adopté une conception extensive de la méthodologie juridique. Cette matière est généralement entendue comme étant limitée à la compréhension et à la résolution des exercices juridiques.

Cette approche doit être complétée par d'autres matières qui s'avèrent être de nature à aider les étudiants en droit.

Notre raisonnement nous a ainsi conduit à identifier trois Piliers sur lesquels les étudiants peuvent s'appuyer pour réussir le cursus qu'ils suivent.

Nous avons exposé le contenu de ces trois Piliers dans trois tomes différents.

Le présent troisième tome concerne les techniques d'apprentissage.

Le premier tome est consacré aux outils dont l'étudiant en droit doit se servir pour réussir ses études.

Le second tome porte sur les méthodes pour comprendre et résoudre les exercices juridiques.

Ainsi la somme de ces différents tomes doit aider les étudiants à réussir leurs études de droit.

Table des matières

Chapitre 1 - Gagner en efficacité avec la concentration................................8
   Section I - Apprendre à vous concentrer.9
   Section II - Apprendre à vous reconcentrer...........................13
      I / Les pauses et la reconcentration..13
      II / La respiration alternée et la reconcentration..............................16
      III / Les exercices musculaires et la reconcentration..............................18

Chapitre 2 - Comprendre et mémoriser avec l'écriture manuscrite...................21

Chapitre 3 - Lutter contre la courbe de l'oubli avec la répétition espacée..............25

Chapitre 4 - Atteindre vos objectifs avec la méthode des petits pas.........................29

Chapitre 5 - Gagner du temps avec la lecture rapide...32
   Section I - Les techniques classiques de lecture rapide..................................33
   Section II - Notre technique pragmatique de lecture rapide..................................34
      I / Première règle : limiter la documentation à lire.......................35
      II / Deuxième règle : limiter la profondeur des données à lire..........36

III / Troisième règle : la lecture rapide n'a pas la même efficacité pour les données non techniques et pour les données techniques...........................37

IV / Quatrième règle : la lecture rapide ne doit pas être envisagée de la même façon pour un juriste débutant et pour un juriste expérimenté.......................39

Chapitre 6 - Apprendre par coeur avec le Palais de mémoire.................................41

Chapitre 7 - Mieux vous informer avec la diète médiatique..46

Chapitre 8 - Mieux gérer votre temps avec la loi de Pareto...49

Chapitre 9 - Gagner en efficacité en combattant la loi de Parkinson..................53

Chapitre 10 - Fixer facilement vos objectifs 57

Chapitre 11 - Disposer d'un outil multifonctions avec les cartes mentales....61

Chapitre 12 - Réviser avec des fiches de révision..65

Cette œuvre est protégée dans toutes ses composantes par les dispositions du Code de la propriété intellectuelle, notamment celles relatives aux droits d'auteur.

Copyright © 2021 - Tous droits réservés

Aurny AIRDUVAL - www.ultimatedroit.fr

www.ingramcontent.com/pod-product-compliance
Lightning Source LLC
Chambersburg PA
CBHW070309220526
45465CB00004B/1820